AF300284

HISTORIQUE

DES

ÉLECTIONS DE SAINTE-FOY

(GIRONDE)

Par L. G.....s

BORDEAUX

IMPRIMERIE D'AUGUSTE LAVERTUJON, 7, RUE DES TREILLES

1865

HISTORIQUE

DES-ÉLECTIONS DE SAINTE-FOY

(GIRONDE)

AUX LECTEURS

Le caractère significatif des Élections Municipales de
Sainte-Foy a eu du retentissement dans tout le département de la Gironde, et nous pourrions dire dans la
France entière. Comme la polémique n'est pas épuisée
sur ce sujet, et que l'opinion publique s'en préoccupe
encore, nous avons jugé à propos de mettre sous les
yeux des lecteurs intéressés à suivre ces débats toutes
les pièces produites et publiées par les deux opinions,
avec une dernière réponse que nous adressons à nos
adversaires. Ils ne se plaindront pas que nous ayons
tronqué leur défense, et que, parlant seuls, nous soyons
seuls écoutés.

Mais, comme introduction à cette publication, nous avons jugé nécessaire de soumettre aux personnes qui nous feront l'honneur de nous lire quelques observations préliminaires, afin de bien dessiner notre situation et que chacun puisse prononcer en connaissance de cause.

Nous nous demandons par quelle anomalie le parti qui, à Sainte-Foy, fournit un contingent si nombreux de victimes à la Cour prévôtale de Bordeaux, se trouve aujourd'hui considéré comme un ennemi du Gouvernement actuel ?

Nous nous demandons comment il se fait que le parti royaliste d'alors, qui poursuivit avec tant d'acharnement les idées et les hommes restés dévoués et fidèles à la cause impériale, lève aujourd'hui la tête avec arrogance à l'ombre d'un drapeau qui n'a jamais été le sien ?

A cette double question, nous défions nos adversaires de répondre avec sincérité. Quant à nous, qui n'avons rien à cacher, nous nous proposons de démontrer tout ce qu'il y a d'étrange dans cette situation qui nous est faite, nous qui, depuis 1789, avons défendu avec fermeté et persévérance les principes proclamés à cette grande époque.

Depuis 1789, nos adversaires n'ont cessé de travailler au retour d'un passé qu'ils regrettent.

Rêve chimérique, Dieu merci! car l'immense majorité de la nation française en saurait empêcher la réalisation. Mais, par suite de circonstances historiques dont le souvenir n'est pas perdu, nos adversaires, quoiqu'en nombre infime dans le reste du pays, se trouvent avoir à Sainte-Foy la majorité numérique. Ils en abusent pour éloigner systématiquement de toute participation à la vie municipale des citoyens honnêtes, qui, par leur intelligence, par leur tradition de famille et par leur considération, offriraient les garanties les plus sincères, les plus solides et les plus désintéressées à un pouvoir ami de l'ordre et du progrès.

Devant cette majorité purement locale, mais intolérante et exclusive, nos amis avaient renoncé, dès 1848, à une lutte inégale dans les Élections de la ville de Sainte-Foy.

Ils se trouvaient dans cette disposition d'esprit, quand leur est parvenu le décret pour le renouvellement de toutes les Municipalités de l'Empire. Quelques hommes, encouragés par les termes de la circulaire de Son Exc. M. le Ministre de l'Intérieur et par l'entière liberté qui leur fut accordée par M. le Préfet de la Gironde, ont voulu sortir de cette immobilité, que certains croyaient peut-être éternelle, et, à leurs risques et périls, tenter les chances du scrutin.

A cet effet, et après s'être entendus, croyant entrer dans la pensée et la volonté du Gouvernement, ils ont composé une liste de conciliation, dont ils auraient préféré laisser l'initiative à d'autres. Après avoir pris dix noms sur la liste de la Municipalité, ils ont complété le nombre *vingt-trois* des Conseillers à élire par les noms les plus honorables et les plus dévoués au Gouvernement Impérial, ou qui s'en rapprochent sensiblement. Ils ne demandaient qu'à faire entrer dans le nouveau Conseil six ou sept membres, jugeant ce chiffre suffisant pour défendre leurs intérêts de contribuables, trop négligés jusqu'à ce jour. En laissant à leurs adversaires une majorité de seize membres, ils pensaient enlever tout caractère d'irritation, religieux ou politique, aux Élections qui se préparaient. Les intentions si conciliantes et si justes de Son Exc. M. le Ministre de l'Intérieur ont été méconnues par le parti contraire; de là est sortie cette explosion de haine et de récriminations qui s'est fait jour dans la presse, et qui inquiète vivement les esprits parmi nous.

— VII —

Ah ! ce n'est pas sous un vain prétexte ni par un
misérable esprit de rancune que nous élevons la voix.
Mais quand la pyramide sociale n'est plus sur sa base,
mais sur sa pointe, comme l'on a dit autrefois ; quand
les droits et les principes les plus élémentaires de la politique sont ici méconnus et sacrifiés, — nous voulons le
dire à nos concitoyens comme à la France.

L. G......s

30 août 1865.

EXTRAITS DES JOURNAUX

LA *GIRONDE* ET LE *COURRIER DE LA GIRONDE*

———

(GIRONDE *du 29 juillet 1865.*)

« Sainte-Foy, 27 juillet.

» Monsieur le Rédacteur,

» Vous ignorez sans doute le résultat des Élections de Sainte-Foy, puisque votre journal n'en a pas dit un mot. Il faut pourtant que vos lecteurs et que la France sachent que le parti clérical vient d'y remporter une victoire complète. Les vingt-trois noms choisis par le clergé, et formant une liste d'une éclatante blancheur, sont tous sortis de l'urne avec une majorité de cent à deux cents voix. La liste soi-disant de l'opposition, et qui contenait les noms les plus honorables et appartenant à toutes les nuances libérales, même plusieurs noms dévoués au Gouvernement impérial, a réuni deux cent cinquante voix, et les noms les plus favorisés trois cent dix ou treize.

» Cette victoire nous a valu une manifestation pareille à celles qui avaient eu lieu sous la Restauration, et que l'histoire a si soigneusement enregistrées.

» Après avoir connu le résultat du scrutin, une foule en délire, au milieu de laquelle figuraient certains membres du clergé, a suivi les rues en poussant le cri bien connu de : *A bas les noirs! A Blaye les noirs!* ce qui veut dire ici : *A bas les protestants! A l'eau les protestants, les libéraux, et même les bonapartistes!* Puis la cloche a sonné à grande volée pendant plus d'une heure ; les tambours ont battu ; les farandoles ont parcouru la ville, et deux arbres ont été plantés en signe d'allégresse, l'un notamment à la porte du Maire.

» On se serait cru revenu aux années de 1815 à 1823, de triste mémoire.

» Et dire que cette saturnale s'est accomplie dans la troisième ville du département par son importance commerciale comme par la richesse et la fertilité de son sol! C'est à ne pas y croire et à faire douter de tout, même du progrès !

» Les hommes les plus honorables dans la banque et dans le commerce, qui traitent de grandes affaires en France et même à l'étranger, et qui par là portent le bien-être et la prospérité dans notre ville, n'ont pu trouver grâce devant la volonté toute-puissante d'un parti, et ont été exclus d'une manière systématique de toute combinaison pouvant amener la conciliation.

» Après avoir vaincu la résistance des électeurs à accepter comme candidats certains noms, on leur a fait un devoir de conscience et de religion de voter toute la liste, sous peine de se voir appliquer le titre de renégat.

» Pour terminer, tous les élèves de l'école des Frères, avec leurs chefs en tête, sont venus processionnellement chanter un cantique devant la porte du Maire, et tout s'est achevé par plusieurs banquets.

» Recevez, etc.

» *Votre abonné, D...* »

(GIRONDE *du 31 juillet 1865.*)

La lettre que nous avons insérée sur les manifestations qui

avaient suivi le dépouillement du scrutin de dimanche dernier à Sainte-Foy, nous vaut aussi une réponse, et cette réponse émane de M. le commissaire de police de cette ville. Nous l'insérons textuellement :

« Sainte-Foy, le 20 juillet 1865.

» Monsieur le Rédacteur,

» C'est pour moi chose pénible que de me mettre en évidence, alors que je voudrais rester non neutre au sujet de la lutte électorale qui vient d'avoir lieu, du moins inaperçu et impartial. Mais la lettre de M. D..., en date du 27 de ce mois, que je viens de lire dans le numéro de ce jour de votre journal, m'a tellement surpris et attristé, car je ne la considère que comme un blâme à l'adresse de la police, que je ne peux garder le silence.

» Je crois donc qu'il est de mon devoir et qu'il importe même à la dignité des fonctions que je remplis dans le canton de Sainte-Foy, et qui m'obligent à des rapports journaliers sur les faits qui s'y accomplissent et qui pourraient être considérés comme mensongers à mes supérieurs, de dire que votre abonné de Sainte-Foy s'est écarté de la vérité.

» Les électeurs qui, les 22 et 23, en se rendant au scrutin, ont donné gain de cause à la liste acceptée par l'autorité locale, ont sagement manifesté leur joie par une loyale démonstration. Les seuls cris de *Vive l'Empereur!* et de *Vive Monsieur le Maire!* ont été proférés.

» Deux arbres, en signe d'allégresse, ont été plantés, l'un à la porte du très honorable M. Borderie, et l'autre au coin de la place Porte-Tourny, sans aucune démonstration hostile à qui que ce soit.

» L'une des fanfares de la ville, dont les sympathies sont

tout entières pour le premier fonctionnaire de la ville, l'a précédé et accompagné, après le résultat connu du scrutin, jusqu'à son domicile, et si les enfants de l'école chrétienne, qui étaient conduits par leurs maîtres, ont fait entendre le lendemain leurs voix à la porte de celui auquel leurs parents venaient de donner leurs voix et un témoignage éclatant de confiance et de dévouement, ils n'ont entonné que des chants patriotiques, que les amis de notre auguste Empereur ne confondent point avec d'autres chants.

» Votre abonné, Monsieur le Rédacteur, s'il n'est mal intentionné, a des oreilles qui le servent mal; car il a fait erreur, d'abord, en accusant des cris qui n'ont pas été acclamés et en les interprétant d'une manière à faire croire à un désir d'effusion de sang, et ensuite en voulant faire croire, de manière à exciter les habitants d'une ville les uns contre les autres, que ceux qui n'ont fait que crier : *Vive l'Empereur!* et *Vive Monsieur le Maire!* sont des ennemis du Gouvernement.

» Je proteste donc, Monsieur le Directeur, contre le contenu de la lettre de M. D..., et je vous requiers d'insérer celle-ci, dont j'assume sur moi toute la responsabilité, dans votre plus prochain numéro.

» Agréez, etc.

> » *Le Commissaire de police,*
> » L.-N. Deluze. »

On remarquera que cette lettre ne contredit point, quant au fond, les détails qui étaient donnés par notre correspondant. La différence la plus sensible qui existe entre les deux récits consiste en ce que leurs auteurs n'ont pas entendu pousser les mêmes cris dans les rues de Sainte-Foy, et n'attribuent pas à la manifestation de dimanche la même signification. Cette divergence d'appréciation s'explique bien naturellement par la différence des points de vue. Nous ajouterons cependant que nous ne pouvons qu'éprouver un vif plaisir à voir démentir les actes regrettables dont on a accusé une certaine partie de la population de Sainte-Foy de s'être rendue coupable.

———

(GIRONDE *du 3 août 1865.*)

La publicité donnée par notre correspondant de Sainte-Foy aux faits qui ont suivi les Élections dans cette commune, a peu satisfait certaines personnes et continue à nous attirer des réclamations. Après la lettre de M. le commissaire de police, nous recevons aujourd'hui celle qui suit :

« Sainte-Foy, le 1er août 1865.

» Monsieur le Rédacteur,

» La lettre relative aux Élections municipales de Sainte-Foy, que vous avez insérée dans votre numéro du 29 juillet dernier, est un véritable acte d'accusation contre les élus du suffrage universel à Sainte-Foy et contre mes électeurs.

» Il n'y a pas d'équivoque possible. D'après votre correspondant, les conseillers nommés appartiendraient à un parti franchement hostile au Gouvernement impérial, et le dépouillement du scrutin aurait été suivi de scènes factieuses et condamnables.

» Je ne discuterai pas une à une les assertions de votre correspondant. Je me contenterai aujourd'hui de dire que son récit malveillant est absolument contraire à la vérité.

» Ce n'est pas dans nos rangs qu'on trouverait des hommes

capables de solliciter les suffrages des ennemis du Gouvernement et disposés à prêter un serment avec l'intention de le violer. Le serment est chose sacrée pour nous, et nous appelons, sans hésitation, traîtres ceux qui n'y sont pas fidèles.

» Nos électeurs, dont nous nous honorons d'avoir obtenu la confiance, partagent nos sentiments.

» Agréez, etc.

» *Le Maire de Sainte-Foy*,

» J.-B. Bordelie. »

Nous comprenons sans peine le sentiment qui pousse les honorables fonctionnaires de Sainte-Foy à protester contre les assertions de notre correspondant; cependant, comme nous avons lieu d'avoir toute confiance en l'honorabilité de ce dernier, nous devons lui laisser la parole pour la réplique. Voici la réponse qu'il fait aujourd'hui à la lettre du commissaire de police :

« Sainte-Foy, le 31 juillet 1805.

» Monsieur le Rédacteur,

» Je ne voudrais pas abuser des colonnes de la *Gironde*, pour parler plus longtemps d'un sujet qui n'intéresserait que médiocrement ses nombreux lecteurs. Ceci pourrait m'obliger à me placer sur un terrain qui ne me convient pas, ni aux principes que représente votre journal.

» En vous rapportant très succinctement et simplement les faits qui se sont passés sous les yeux de toute une population, j'ai eu soin de dégager la responsabilité de tous les fonctionnaires à qui incombe l'administration de notre ville, y compris celle de notre commissaire de police. Il lui était impossible, à lui, comme à tout autre, de s'opposer à la manifestation, et d'empêcher que les cris que nous avons entendus ne soient proférés.

» Je maintiens donc comme entièrement exact le récit que j'ai fait, et je suis tellement certain de ce que j'ai vu et entendu, que je serais heureux de voir ordonner une enquête qui mettrait encore en évidence d'autres particularités peut-être trop significatives.

» Je proteste encore contre certaines insinuations de la lettre de M. le commissaire de police, qui tendraient à faire croire que dans le détail de cette journée j'ai été mû par un sentiment d'excitation à la haine des citoyens les uns contre les autres. Je lui laisse toute la responsabilité de cette interprétation. J'ajouterai que personne n'aurait rien à y gagner, au contraire.

» Recevez, etc.

» *Votre abonné, D...* »

(GIRONDE *du 8 août 1865.*)

Nous recevons de M. Borderie, maire de Sainte-Foy, une seconde lettre. M. Borderie se plaint de ce que nous ayons supprimé un passage dans sa première lettre, récemment insérée par nous : le fait est exact. M. Borderie nous demandait, dans ce passage, le nom du correspondant qui nous avait envoyé un récit des scènes qui avaient accompagné les dernières Élections à Sainte-Foy. Comme nous n'avons pas l'habitude de trahir le nom des personnes qui veulent bien nous adresser des renseignements, nous n'ayons pu faire droit à la demande de M. Borderie, et nous avons cru tout naturel alors de retrancher la question qu'il nous adressait.

Nous ferons remarquer, au surplus : d'abord, que cette question nous intéressait, nous, uniquement, et n'intéressait pas le public; ensuite, que nous avons fidèlement publié toute la partie de la lettre de M. Borderie qui contenait une réponse directe ou indirecte aux assertions de notre correspondant.

« AU RÉDACTEUR.

» Sainte-Foy, 6 août 1865.

» Vieux campagnard, étranger à tout ce qui se passe dans notre petite ville, je ne veux ni confirmer ni contredire les faits rapportés dans les lettres de M. D... et de M. le commissaire de police, que j'ai lues dans la *Gironde* des 29 et 31 juillet dernier; je ne veux rappeler que de vieux souvenirs. J'ai entendu pour la première fois les cris: *A Blaye!* vers la fin de 1814, mais sans en comprendre la signification. Ils cessèrent pendant les Cent-Jours pour recommencer avec frénésie après Waterloo, en déchirant et traînant dans la boue le drapeau tricolore, et accompagnés de tentatives de meurtre sur MM. Jauge, maire, Berthonneau et Lavaut, qui furent sauvés par M. Dumarchet et par leur propre énergie. Ils étaient mêlés aux cris: *A bas les noirs! A bas tels et tels !* et à des chants de rue d'une poésie peu riche et peu noble, dont vous jugerez par cet échantillon :

Vive l'Empereur... l'empereur de Russie !
A bas le roi... de Rome et son papa !

» L'ordonnance du 5 septembre 1816 suspendit toutes ces joies. On cria d'une voix plus faible: *Vive le Roi!* en y ajoutant tristement les mots *quand même*. Le bouton noir placé au milieu de la cocarde blanche qui décorait les chapeaux, en témoignage de reconnaissance pour les Anglais, céda sa place à un bouton vert, couleur de M. le comte d'Artois; mais les cris de provocation cessèrent jusqu'à l'assassinat du duc de Berry et la chute de M. le duc Decazes.

Nous pensions que les dix-huit années qui suivirent la Révolution de Juillet avaient effacé jusqu'au souvenir de ces tristes scènes; Février 48 les fit renaître presqu'aussi violentes qu'en 1815, et nous força comme alors à bivaquer sous les murs de la ville, afin d'y assurer le maintien de l'ordre. — Depuis, le suffrage universel a fait chez nous ce qu'avaient fait et Louvel et *nos chers alliés.*

» Ces souvenirs sont pénibles; mais puisqu'on ne veut pas leur permettre de s'effacer, il faut qu'enfin chacun accepte ou subisse la responsabilité de ses actes; et si les vrais patriotes, qui ne sont ni des émeutiers, ni des révolutionnaires, ni des adorateurs quand même de tous les pouvoirs, ont accepté long-temps une position trop humble, il est temps que, l'histoire locale à la main, nous réglions nos comptes, et, de 1815 à 1865, nous trouverons toujours les mêmes noms, si ce n'est toujours les mêmes hommes, vociférant les mêmes cris, les mêmes menaces, sous les couleurs blanche, noire, verte ou tricolore.

» Encore une fois, oui, ces souvenirs sont pénibles, et à mon âge on aimerait se reposer dans des sentiments plus doux. J'ai négligé de parler à sa date d'un temps d'arrêt, d'un moment de paix, à la vérité bien court, mais dont je conserverai toujours un précieux souvenir. A l'une des époques les plus agitées, les plus critiques de nos troubles, un chrétien éminent, un saint, M. de Cheverus, vint se jeter au milieu de cette effervescence, et, du haut de la chaire, des paroles de paix, de conciliation et d'amour tombèrent sur nous comme une rosée bénie. Il nous parla de son séjour à Boston au milieu d'une population toute protestante. Il nous dit que parmi ces frères séparés il comptait des amis qu'il porterait toujours dans son cœur, avec lesquels il entretenait des rapports intimes, et il pressait ses auditeurs de se faire aussi des amis parmi les frères séparés au milieu desquels ils vivaient. Je vois encore cette figure émue, sympathique, et son émotion gagner son auditoire, et nous promettre des jours de paix et d'union. Mais les meneurs reprirent leur œuvre, et M. de Cheverus ne fut bientôt plus que *l'arche-vêque protestant.*

» Agréez, etc.

» MESTRE. »

———

(COURRIER DE LA GIRONDE *du 17 août 1865.*)

« Sainte-Foy, le 13 août 1865.

» Monsieur le Rédacteur,

» La *Gironde* a publié hier, 12, une nouvelle lettre au sujet des Élections de Sainte-Foy. Voilà deux fois qu'on insulte publiquement, par des calomnies indignes, la population catholique de notre ville. Me permettriez-vous, Monsieur le Rédacteur, de prendre sa défense dans votre journal? Ma réponse sera aussi courte que possible, aussi calme que les agressions de nos ennemis sont violentes et injurieuses. Il est utile que l'on sache les moyens que prennent pour se venger d'une défaite électorale nos prétendus hommes de progrès et de conciliation.

» Dans une première lettre, un correspondant de la *Gironde* s'est chargé de travestir odieusement le caractère des Élections. Je n'ai pas besoin d'y répondre; je ferai remarquer seulement qu'il n'y a été nullement question de parti clérical. Ce pauvre parti clérical est le cauchemar de certains esprits bornés; un vrai croquemitaine; ce seul nom les épouvante, son image trouble leur sommeil, ils croient le voir partout.

» Néanmoins, le correspondant dont la *Gironde* garantit l'honorabilité représente le peuple de Sainte-Foy courant la ville comme une foule en délire, le clergé en tête, en poussant, dit-il, ces cris bien connus : *A Blaye, les noirs! A bas les noirs!*

ce qui veut dire, ajoute-t-il : *A l'eau, les protestants, les libé-raux, et même les bonapartistes!*

» Dieu merci! rien de semblable ne s'est vu; nous ne sommes pas un peuple de sauvages ni de fous. Aussi, M. le Commissaire de police et M. le Maire se sont hâtés de protester énergiquement dans le même journal contre ces misérables calomnies, et ont déclaré formellement que ce récit malveillant est complètement contraire à la vérité.

» Or, je le demande à tous les cœurs honnêtes : représenter ainsi tout un peuple en délire; insulter toute une population chrétienne en lui prêtant des sentiments iniques et des cris de haine et de mort; mêler à cette saturnale, inventée à plaisir, un clergé qui prêche hautement la charité, la tolérance et la liberté de conscience, comme Monseigneur de Cheverus, dont le souvenir nous est aussi cher qu'au *vieux campagnard* — est-ce d'un homme qui se respecte? est-ce d'un homme honorable?

» Voilà, Monsieur le Rédacteur, nos hommes de progrès et de conciliation à Sainte-Foy.

» Ce n'est pas tout : ces débats ont donné occasion à un vieux campagnard de sortir de son fromage de Hollande. Ce vieux campagnard, homme de progrès sans doute, homme de paix et de conciliation, a eu le courage de décliner son nom, un nom qui vaut un programme par les souvenirs qu'il rappelle. M. Mestre, étranger à ce qui se passe dans la ville, ne veut ni confirmer ni contredire les faits en litige; toutefois, ces tristes débats l'ont ému dans sa solitude, et, vieux campagnard, il veut rappeler de vieux souvenirs.

» Et voici que ce vieillard, sans aucune raison, sous le vain prétexte d'expliquer un mot, ose rappeler les souvenirs les plus douloureux de notre histoire locale. Il ne veut pas qu'on oublie ces guerres intestines dont il a été témoin, et l'un des acteurs sans doute; ces haines déplorables qui ont déchiré trop long-temps notre riche pays, et armé des frères contre des frères. C'est en vain qu'il prétend être forcé d'en parler. Qui donc a réveillé ces souvenirs? qui donc ne veut pas permettre qu'on les oublie? N'est-ce pas les siens? n'est-ce pas le correspondant de la *Gironde?*

» Je ne suivrai pas M. Mestre dans toutes ses allégations ; je ne m'arrêterai pas à démasquer sa mauvaise foi dans les faits qu'il raconte. Je comprends qu'il loue, qu'il regrette ce temps d'heureuse mémoire où il était au pouvoir; je comprends qu'il accuse de perturbateurs de l'ordre public, d'émeutiers incorrigibles, ces misérables catholiques, qui souffraient d'être méprisés, traqués, emprisonnés, tyrannisés par une minorité intolérante; qui, à chaque révolution, aspiraient à un peu plus de liberté, et cherchaient toutes les occasions de secouer ce joug dur et écrasant.

» Non, je n'entrerai pas dans le détail de ces souvenirs trop poignants, et qui ne sont propres qu'à exciter les esprits les uns contre les autres, en leur rappelant des haines passées. Et il serait trop long de démontrer ici que ces divers soulèvements de catholiques n'ont été que de légitimes protestations contre l'injustice et l'oppression.

» Mais M. Mestre, qui se souvient de tant de choses, a-t-il oublié ces fameux banquets dans lesquels, à l'aurore d'une révolution, des amis bien connus et que je pourrais nommer vociféraient : *A bas les calotins! A bas les prêtres! A bas les nonnes! Vive la liberté!* Hélas! quelle liberté !

» Regardez la Suède, regardez l'Angleterre, regardez même la Russie, et vous aurez une idée de la liberté des catholiques à cette époque.

» Rien n'efface de tels souvenirs; la douleur les imprime dans le cœur des peuples en caractères de sang; ils vivent et se transmettent de génération en génération. Le cri : *A Blaye!* dont M. Mestre ignore la signification, ne pourrait-il pas être un souvenir de 93? Tout le monde sait qu'alors, au nom de la liberté, on persécutait le culte catholique, et qu'on enfermait les prêtres dans la prison de Blaye. Est-il étonnant que, dans l'effervescence d'une révolution, les catholiques menacés se soient ralliés au triste souvenir de Blaye, et aient renvoyé à leurs ennemis ces cris de haine et de mort qui les avaient si longtemps épouvantés eux-mêmes? D'ailleurs, je ferai remarquer que jamais le peuple en masse n'a poussé ces cris, et que surtout il n'a jamais envoyé personne *à Blaye.*

» Aujourd'hui, nous ne voudrions plus ces haines, et il nous est pénible de voir un vieillard les rappeler dans de telles circonstances. « Il est temps, dit-il, de régler nos comptes, l'histoire locale en main; » a-t-il donc oublié que, l'histoire en main, il nous doit de la tyrannie, de la prison et peut-être du sang? Nous avons jeté un voile sur ces choses, nous cherchons à les oublier; pourquoi vient-il lever ce voile?

» Et ce sont ces hommes qui nous parlent de progrès, de conciliation !

» La conciliation! Ah! qui la voudrait plus que nous? Oui, nous voudrions une conciliation vraie, sincère, chrétienne; nous la voudrions avec des hommes justes, impartiaux, avec des hommes qui sauraient faire oublier un passé trop regrettable dans l'étreinte fraternelle de la tolérance et de la charité!

» Mais, il faut bien le dire, est-ce la conciliation que veulent des hommes tels que l'*abonné de la* Gironde et le *vieux campagnard?* Non. Ce mot dans leur bouche est un leurre; en réalité, il veut dire : domination.

» Quand donc verrons-nous finir ces luttes déplorables? Quand donc nos croyances diverses pourront-elles coexister sans se heurter? Quand donc pourrons-nous respirer le même air sans nous disputer et sans nous haïr? Je le dis avec conviction et une certaine espérance : lorsque nous n'aurons plus à la tête d'aucun parti des meneurs tels que l'*abonné de la* Gironde et le *vieux campagnard.*

» Arrière donc, prétendus hommes de progrès et de conciliation ! Vous compromettez la cause du progrès, et vous rendez

toute conciliation impossible par vos haines et votre intolérance traditionnelles !

» Nous, je le proclame hautement, nous savons respecter
toutes les opinions qui nous respectent, toutes les croyances
sincères et honnêtes; nous savons aimer tous les hommes. Non,
nous ne voulons la mort de personne : on nous calomnie, quand
on nous prête ces sentiments.

» Mais nous voulons qu'on nous rende ce que nous donnons:
nous demandons, nous aussi, pour nos croyances, le respect et la
tolérance; nous ne voulons subir la tyrannie de personne; et
nous réclamons simplement notre liberté de pensée et d'action
sous le grand soleil de la civilisation moderne.

» Puisse la population de Sainte-Foy mépriser ces esprits hai-
neux et intolérants qui ne cherchent qu'à allumer la guerre !
Puisse chaque parti soutenir ses intérêts et ses opinions loyale-
ment, avec franchise et charité ! Loin de nous l'aigreur, l'insulte et la calomnie; ce n'est pas ainsi qu'on arrive à la conciliation. Désirons que l'on oublie à Sainte-Foy tout ce qui a été
fait et écrit au sujet des Élections.

» Veuillez, Monsieur le Rédacteur, donner l'hospitalité dans
les colonnes de votre estimable journal à ces réflexions qu'il
m'a été pénible de ne pas faire plus courtes, mais que je crois
nécessaires pour mettre à néant les accusations calomnieuses
dont toute une population respectable a été l'objet. »

———

(GIRONDE *du 25 août 1865.*)

On nous adresse de Sainte-Foy, à la date du 23 août, une
lettre que nous résumons en ces termes :

« Derrière nos querelles de clocher, il y a des questions de principes, et il ne faut permettre à personne de tromper impudemment l'opinion publique, comme l'ont fait les auteurs de l'article publié le 17 par le *Courrier de la Gironde*. — On a omis jusqu'ici d'aborder le fond même de la question ; je vous demande la permission de vider définitivement le débat en deux mots et par des chiffres.

» Nos contradicteurs se posent, dans l'article du 16, non seulement en hommes de justice, mais même de conciliation, de charité, de progrès ; ils sont les disciples de Cheverus, ils réclament tout simplement et tout modestement leur part de liberté de pensée et d'action *sous le grand soleil de la civilisation moderne.* — Voilà les sentiments qu'affichent ces prétendus libéraux ; voyons leurs actes :

» La population de notre ville compte un tiers de protestants ; ces protestants, d'une condition relativement plus aisée que les catholiques, paient au moins la moitié des impôts ; combien nos conciliateurs en admettaient-ils dans leur liste de vingt-trois noms ? — Aucun !

» Aucun sur vingt-trois ! — Et cela dure depuis 48 ! — Oui, depuis 48, le tiers de la population, qui paie plus de la moitié des impôts, n'a pas eu une voix pour défendre ses intérêts dans notre Conseil municipal.

» Nous réclamons l'application des principes de l'équité la plus vulgaire ; nous n'usons de la liste opposante (six protestants contre dix-sept catholiques) que lorsque nous voyons que nos adversaires sont intraitables, et c'est nous qui rendons toute conciliation impossible par nos haines et notre intolérance traditionnelles ! Que l'opinion publique prononce ; qu'elle juge comme ils le méritent des hommes qui osent se poser devant elle en apôtres de charité, de tolérance et de progrès ; parler du *grand soleil de la liberté moderne,* alors que depuis tant d'années ils écartent systématiquement du contrôle de leurs intérêts un tiers de leurs concitoyens pour cause religieuse, et cela en plein dix-neuvième siècle ! »

(Courrier de la Gironde *du 22 août 1865.*)

Nous avons reçu de M. Mestre, de Sainte-Foy, la lettre suivante, avec prière de lui donner place dans nos colonnes :

« Monsieur,

» Je vous remercie de la lettre que je viens de lire dans le *Courrier de la Gironde* du 17. Elle m'a comblé de joie. Déjà, pendant notre fête du 15, nos fanfares seules ont fait vibrer nos cœurs, et vos injures, votre colère surtout, m'ont convaincu que le correspondant de la *Gironde*, que M. D..., avait frappé peut-être plus juste qu'il ne l'espérait, et qu'il avait porté un coup, que je désirerais bien être mortel, à l'influence des provocateurs *anonymes* de nos troubles.

» Quoi que vous en disiez, Monsieur, je n'ai jamais été au pouvoir, et, pour me servir du langage élégant et de bon goût qui assaisonne vos écrits, je ne suis jamais sorti de mon fromage de Hollande. Je ne vous ai donc jamais connu. Cependant, vous vous plaignez que lorsque j'étais au pouvoir, vous avez été traqué... (Serait-ce par les gendarmes?); — que vous avez été... méprisé!... (Je le comprends!); — que vous avez été emprisonné! C'est fort possible. — Mais, encore une fois, je ne vous ai jamais connu. Je sais seulement que vous croyez avoir toujours besoin de rester caché.

» Vous êtes étonné qu'au milieu de vous, M. Mestre, insultant sans doute à vos habitudes, ait osé signer son nom. A la vérité, un nom *qui vaut à lui seul un programme par les souvenirs qu'il rappelle.* Voulez-vous les connaître, ces souvenirs? Dès 1789, un de mes parents, M. de Savonnière, lieutenant des gardes du corps, mourait des suites d'une blessure reçue, le 6 octobre, en défendant le château de Versailles et son roi contre l'émeute parisienne. Plus tard, en 93, mon oncle portait sa tête sur l'échafaud révolutionnaire, et mon père, expulsé du Club, signalé comme un républicain froid ou même douteux, qui ne fêtait pas avec assez d'ardeur le Décade dans le temple de la Raison, fut sauvé par une fluxion de poitrine qui ne permit pas qu'on le transférât à Bordeaux.

» Faut-il maintenant vous donner les noms de ceux qui présidaient ou qui tenaient la plume et qui rédigeaient les procès-verbaux du Club, en un mot des républicains les plus chauds, des élus de ces tristes saturnales? Ils signaient ce qu'ils écrivaient. Je pourrais vous montrer ces procès-verbaux, bien assurés de votre discrétion, car vous ne voudriez pas jeter leurs noms à la face de vos amis.

» Vous chérissez, dites-vous, la mémoire de M. de Cheverus; vous lui faites, certes, beaucoup d'honneur! Mais vous ne l'avez jamais connu, car vous me paraissez être bien jeune. Oui, Monsieur, j'aimais à l'entendre et à le voir, et M. le curé Borderie, grand-oncle de M. le Maire, avait la bonté de me recommander à son sacristain, M. Conil, qui me faisait entrer par la sacristie et me plaçait dans le chœur, au milieu de quelques-uns de ces vieux prêtres que nous avions *(dites-vous)* envoyés *à Blaye.* Ils vénéraient le nom de M. Mestre, qui signifiait pour eux communauté de souffrances et surtout d'efforts pour maintenir la concorde et la paix dans notre pays, et ils n'auraient pas souffert qu'un insulteur anonyme prît une place parmi nous.

» Je termine ma lettre encore par un vieux souvenir. Le public, *si ce n'est vous,* sentira qu'un homme qui se respecte doit laisser retomber de tout son poids la responsabilité du mensonge et de la calomnie sur celui qui refuse de se faire connaître.

» A la mort de M. le curé Borderie, le Consistoire en corps assista à ses funérailles. Il accompagna le cercueil jusqu'à la porte de l'église, et, après le service, il reprit son rang dans le convoi. Au retour, je fus chargé de porter à sa famille l'expression de la peine et du deuil de l'Église protestante. Chacun de nous, en effet, perdait en lui un vieil ami. Ces temps-là ne sont plus! Reviendront-ils jamais?

M. le curé Borderie, comme M. de Cheverus, était un dernier reste de cet ancien clergé gallican, l'une des gloires de la France, que vous nous accusez d'avoir persécuté, et qui a laissé à notre patrie de si beaux exemples de piété, de si grands monuments de sa science et de sa charité.

» Votre bien dévoué serviteur,

» Mestre.

» Brejou, le 10 août 1865. »

A la suite des Élections municipales de Sainte-Foy, un électeur qui ne s'est pas nommé a adressé au journal *la Gironde* une lettre signée D..., dans laquelle une partie notable de la population de cette cité se trouvait fort mal menée. Cette première lettre n'ayant pas paru suffisante à son auteur, le correspondant anonyme de la *Gironde* lui en adressa une seconde qui fut également publiée, et M. Mestre intervenant à son tour, nous ne dirons pas dans le débat, puisque jusqu'alors M. D... avait porté seul la parole, compléta par une lettre signée de son nom sur le même sujet le nombre cabalistique de trois.

C'est alors que les personnes attaquées dans les trois lettres que nous venons de mentionner, ne voyant pas de raison pour que leur nombre n'atteignît pas la demi-douzaine, se décidèrent à se défendre et nous apportèrent les observations qui ont paru dans notre numéro du 17 courant.

Il existe dans la population de Sainte-Foy des irritations profondes, comme on en rencontre dans toutes les localités où les dissidences religieuses viennent s'ajouter aux divisions politiques. Nous connaissons ces passions, toujours prêtes à faire explosion, et il n'entre pas dans nos goûts de nous y mêler. Nous croyons que notre rôle est de les pacifier autant que possible par des rappels aux sentiments de modération, et que le moyen n'est pas de leur prêter le concours de notre publicité, pour laquelle, au rebours de ce qu'il serait désirable, les esprits ardents montrent toujours plus d'empressement que les esprits réfléchis.

Cependant, en présence de gens enflammés par des agressions dont leur silence semblait avoir redoublé les excès, et qui nous demandaient les moyens de répondre, nous n'avons pas cru devoir résister, et nous avons ouvert nos colonnes à la réplique contre laquelle M. Mestre vient aujourd'hui protester.

Nous croyons que ce que M. Mestre avait de mieux à faire, c'était de ne pas entrer dans la lice et d'employer son influence sur ses amis, parmi lesquels se trouve peut-être l'anonyme M. D..., pour éviter tout fâcheux éclat et détourner ce dernier d'une polémique qui ne saurait porter que des fruits amers. Il ne nous convient pas de prendre personnellement à partie soit M. D..., soit M. Mestre; ce serait jeter, sans profit pour les sentiments de concorde que nous voudrions voir triompher, de l'huile sur le feu. Nous ferons observer seulement à M. Mestre qu'il est au moins singulier de le voir faire, de l'anonyme gardé par l'auteur de la réponse insérée dans notre numéro du 17, un sujet d'accusation contre lui, lorsque lui-même, sans aucune provocation et lorsque ses adversaires se taisaient, est venu prêter main-forte à M. D..., lequel ne s'est fait connaître que par une obscure initiale aussi bien dans sa seconde lettre que dans la première.

Nous ne pouvons, du reste, que nous associer aux sentiments de tolérance exprimés par M. Mestre à la fin de son épître, en exprimant le regret qu'il ait oublié de les mettre en pratique au commencement, et partager sa légitime horreur pour ces temps de honte et d'abjection où il suffisait qu'un honnête homme de Sainte-Foy fût accusé de ne pas fêter avec assez d'ardeur la Décade dans le temple de la Raison, pour que quelques brutes sanguinaires, au nom de la fraternité et de la liberté

do conscienco, le *transférussent* à Bordeaux, c'est à dire l'en-
voyassent à la guillotine.

Émile CRUGY.

Dernière raison... et la plus solide :

(GIRONDE *du 28 août 1865.*)

En installant le nouveau Conseil municipal de Bordeaux, le
Maire a dit, faisant appel à la conciliation : « L'heure des Élections est déjà loin de nous. » Le Maire de Sainte-Foy n'est pas
de cet avis, et hier, 26 août, il nous a fait remettre, par minis-
tère d'huissier, les trois épîtres qu'on va lire, avec l'exploit qui
leur sert d'ornement. Il plaît à M. le Maire de Sainte-Foy de ra-
viver, à trois semaines de distance, les souvenirs irritants de la
lutte électorale. C'était notre devoir de ne lui servir d'organe
que sur une injonction formelle :

« L'an mil huit cent soixante-cinq et le vingt-six août ;
» A la requête de M. Borderie, maire de Sainte-Foy, y demeur-
rant et domicilié, lequel fait élection de domicile à Bordeaux,
en notre étude ;
» Nous, Jean Durand, huissier de l'arrondissement de Bordeaux, y demeurant, rue Sainte-Catherine, n° 73, soussigné,

» Disons et déclarons :

» A M. G. Gounouilhou, imprimeur et propriétaire du journal
la Gironde, demeurant et domicilié à Bordeaux, rue de Cheverus, n° 8;
» Que le requérant a adressé audit sieur G. Gounouilhou,

pour être insérées dans son journal, deux lettres dont il va être ci-après donné copie ;

» Que ledit sieur Gounouilhou n'a point jugé à propos d'en faire l'insertion complète dans sondit journal, et qu'ainsi, incomplètement publiées, elles tendent à fausser l'opinion publique en ne faisant connaître aux lecteurs du journal que des faits tronqués ;

» Que le requérant, voulant user du droit que lui confère la loi, vient aujourd'hui, par le présent acte, faire sommation audit sieur Gounouilhou d'avoir à publier dans leur entier les trois lettres dont la teneur suit, avec offre de payer le surplus de ce qui excède le double des articles auxquels il répond ;

» Avec déclaration qu'à défaut de déférer à la présente sommation, il en sera tiré tels avantages que de droit, le délai légal de trois jours écoulés sans que l'insertion ait lieu :

« Sainte-Foy, le 1er août 1865.

» *A Monsieur le Rédacteur en chef de la* GIRONDE.

» Monsieur le Rédacteur,

» La lettre relative aux Élections municipales de Sainte-Foy, que vous avez insérée dans votre numéro du 29 juillet dernier, est un véritable acte d'accusation contre les élus du suffrage universel, à Sainte-Foy, et contre mes électeurs.

» Il n'y a pas d'équivoque possible. D'après votre correspondant, les Conseillers nommés appartiendraient à un parti franchement hostile au Gouvernement impérial, et le dépouillement du scrutin aurait été suivi de scènes factieuses et condamnables.

» Je ne discuterai pas une à une les assertions de votre correspondant. Je me contenterai aujourd'hui de dire que son récit malveillant est absolument contraire à la vérité.

» Ce n'est pas dans nos rangs qu'on trouverait des hommes

capables de solliciter les suffrages des ennemis du Gouvernement, et disposés à prêter un serment avec l'intention de le violer.

» Le serment est chose sacrée pour nous, et nous appelons sans hésitation traîtres ceux qui n'y sont pas fidèles.

» Nos électeurs, dont nous nous honorons d'avoir obtenu la confiance, partagent nos sentiments.

» Vous comprendrez, Monsieur le Rédacteur, que l'on ne puisse pas accuser ainsi des hommes de cœur sans encourir une très grave responsabilité.

» Nous vous demandons de nous faire connaître, dans le plus bref délai, le nom de votre correspondant auquel « vous laissez » la responsabilité de ses dires. »

» Cette responsabilité, nous voulons la lui faire subir dans toute sa plénitude et par tous les moyens légaux.

» Vous voyez, Monsieur le Rédacteur, que j'exprime nettement ma pensée, et que je ne dissimule ni mes sentiments ni mon but.

» Je vous prie, Monsieur le Rédacteur, et au besoin je vous requiers, d'insérer cette lettre dans votre plus prochain numéro.

» Agréez, etc.

» Signé : Borderie. »

« Sainte-Foy, 6 août 1865.

» Monsieur le Rédacteur,

» Vos abonnés, en lisant dans votre numéro du 3 courant ma lettre datée du 1er de ce mois, n'ont pas pu soupçonner le procédé dont vous avez usé à mon égard.

» A mon grand étonnement, vous avez supprimé les cinq derniers paragraphes sans donner aucune explication à ce sujet, et sans que rien ait indiqué cette suppression.

» Je viens vous requérir, Monsieur le Rédacteur, de publier

intégralement, dans votre plus prochain numéro, la lettre que j'ai eu l'honneur de vous adresser le 1ᵉʳ du courant.

» J'insiste de nouveau pour connaître le nom du correspondant qui, sous le voile de l'anonyme, a porté de si graves accusations contre la population de Sainte-Foy.

» Veuillez agréer, etc.

> » *Le Maire de Sainte-Foy,*
> » Signé : BORDERIE. »

> « Bordeaux, le 25 août 1865.

» Monsieur le Rédacteur,

» Vous dites, dans votre numéro du 8 courant, que vous ne ferez pas connaître le nom de l'auteur de la lettre signée D..., insérée dans votre journal le 29 juillet dernier.

» Votre déclaration a lieu de me surprendre, car vous faisiez précéder cette lettre des réflexions suivantes : « Nous n'oserions » croire à tous les détails qu'elle raconte si nous ne connaissions » l'honorabilité de notre correspondant, à qui nous laissons » d'ailleurs la responsabilité de ses dires. »

» Le même M. D..., ayant écrit le 31 juillet dernier une nouvelle lettre dans laquelle il demande une enquête, tout en continuant à ne pas faire connaître son nom, vos lecteurs pourront facilement apprécier ce qu'il y a d'étrange dans une pareille demande faite par un correspondant anonyme.

» En ce qui me concerne, Monsieur le Rédacteur, je ne puis que persister à requérir l'insertion intégrale de mes lettres dans votre journal.

» Je n'ai nullement l'intention de vous adresser une question personnelle. Je n'ai pas écrit un mot qui n'ait eu pour but de démontrer au public que le récit de M. D... était absolument contraire à la vérité.

» Je vous ferai observer d'ailleurs, Monsieur le Rédacteur,

que lorsque l'on supprime une partie d'une lettre, on doit avertir les lecteurs.

» Agréez, Monsieur le Rédacteur, mes salutations.

» *Le Maire de Sainte-Foy,*

» Signé : Borderie. »

» Dont acte. Fait à Bordeaux, au domicile dudit sieur G. Gounouilhou, où, pour lui, nous laissons la présente copie, en parlant à une femme à son service, ainsi déclarée.

» Coût : 6 francs 90 centimes.

» Onze mots nuls et une ligne nulle.

» Durand. »

QUELQUES MOTS DE RÉPONSE

A UNE LETTRE INSÉRÉE DANS LE *COURRIER DE LA GIRONDE*, 17 AOUT,
ET AUX RÉFLEXIONS DE SON RÉDACTEUR EN CHEF.

Le *Courrier de la Gironde* a publié, dans son numéro du 17 août, une tardive réponse au court récit de nos Élections municipales, inséré dans un autre journal de Bordeaux. L'article du *Courrier* n'est point un article ordinaire : c'est une pièce à effet, dans lequel la forme couvre la pauvreté du fond ; un morceau d'éloquence où l'on s'efforce de nous faire la leçon. L'auteur passe tour à tour, avec une variété pleine d'agrément, du ton foudroyant de l'invective au ton plaintif et pathétique de l'homélie et du sermon. Il prouve, sans le vouloir peut-être, mais avec un art infini, cette vérité déjà connue : Que la parole a été donnée à l'homme, et particulièrement aux disciples d'une certaine école, pour déguiser la pensée. Prenez juste le contraire de ce qu'il dit du commencement jusqu'à la fin, et vous aurez une idée à peu près exacte des faits et de la situation.

A l'entendre, nous avons travesti *odieusement* le caractère des Élections ; nous avons *insulté* toute une population chrétienne ; nous rendons toute conciliation impossible par notre haine et notre intolérance traditionnelles ; enfin, nous nous refusons à l'étreinte fraternelle qui nous est offerte. En revanche, les hommes de son parti, de tout temps victime d'une minorité turbulente, n'aspirent qu'à une conciliation vraie, sincère, chrétienne ; ces pauvres opprimés, qui savent aimer

3

tous les hommes, réclament simplement leur part de liberté de pensée et d'action *sous le grand soleil de la civilisation moderne.*

Eh bien! nous venons tout simplement démontrer, non par des phrases comme celles de notre contradicteur, mais par des faits irrécusables et par des chiffres connus de tous, qu'il y a incompatibilité entre leurs œuvres et leurs affirmations, et qu'ils cherchent à donner le change à l'opinion publique; que cette conciliation dont ils se vantent, ils ne l'ont pas plus voulue en 1865 qu'antérieurement. Nous terminerons par une petite photographie politique à leur adresse; et s'ils ne la trouvent pas belle, qu'ils s'en prennent *à ce grand soleil de la civilisation moderne* dont ils osent parler, mais qu'ils ne pourront jamais regarder de face impunément.

En venant joindre nos affirmations à celles déjà connues, nous avons jugé inutile de demander à une feuille quotidienne l'insertion de ce travail. Son étendue et les détails dans lesquels nous entrons n'offriraient qu'un médiocre intérêt à des lecteurs pour qui ces faits sont tous complétement inconnus.

Nous ne remonterons donc pas à 1793, ni à aucune autre date historique. Nous ne voulons pas, quoi qu'on en dise, remuer les passions, déjà trop surexcitées; mais que nos contradicteurs sachent se taire à propos, car ils traînent après eux un long passé de malheurs qui fait frémir et que la logique leur interdit de renier. Il ne s'agit pas d'ailleurs de refaire ici, en l'affaiblissant, la polémique philosophique des fils de Voltaire et des fils des Croisés : il s'agit d'une question toute locale, et nous nous en tiendrons à des époques bien plus rapprochées de nous, afin de rendre encore plus lumineuses les démonstrations qui vont suivre.

Vous vous posez en hommes de conciliation? Eh bien! voyons vos actes. Dans les Élections municipales du 23 juillet, une excellente occasion s'offrait à vous pour apporter une modification dans la composition du nouveau Conseil; comment en avez-vous profité? — Vous entriez par là dans les vues du Gouvernement, qui désirait qu'elles ne prissent point un caractère politique ni religieux, mais seulement d'intérêt local. Nous connaissons votre réponse.

Et vous osez dire naïvement que vous voulez la paix et l'union! Tenez, vous ferez sourire les justes de votre parti, et ils sont nombreux, en écrivant des vérités de cette force-là. La population de notre ville compte un tiers de protestants, qui paient plus de la moitié de la totalité des impôts. Combien en avez-vous admis sur les vingt-trois noms choisis par vous? Des hommes animés de l'équité la plus vulgaire en auraient accepté un nombre proportionnel. En agissant ainsi, ils n'auraient été que justes. Vous qui dépassez généreusement la justice, puisque vous allez jusqu'à la charité, et qui prêchez la liberté de conscience, vous en avez admis...? Aucun! Aucun sur vingt-trois! Pourtant, nous avions espéré! Nous attendions votre liste municipale comme un Messie, et la moindre concession nous eût satisfaits, nous eût comblés de joie!... C'eût été un progrès, et une espérance pour l'avenir!

Nous n'eûmes recours à la liste dite d'opposition que lorsque nous fûmes assurés que nos adversaires étaient intraitables; et encore, comment était-elle composée cette terrible liste? On y comptait six protestants et dix-sept catholiques; de telle sorte que nous vous laissions, comme de juste, la grande majorité dans le Conseil. Nous n'y portions pas un nom qui vous est cher, c'est vrai; mais nous sommes bien sûrs qu'il n'eût pas été le dixième des élus si vous vous étiez un peu départis de votre inflexible rigueur. A huis clos, vous vous êtes comptés, et vous avez dit : « Nous avons le nombre et la force, donc nous aurons toujours raison. » Continuez. — Et cet affreux esprit d'exclusivisme vous anime depuis 1848!

Oui, il faut que l'opinion publique soit juge des griefs qui nous divisent. Il faut que l'on sache au loin que depuis tant d'années, en plein dix-neuvième siècle, et pour un motif purement religieux, vous écartez systématiquement du contrôle de leurs intérêts un tiers de vos concitoyens, quelles que soient leurs opinions politiques, leur position sociale, leur intelligence et leur honorabilité. Il faut que l'on sache enfin que les hommes qui vous poussent dans cette voie rétrograde osent en même temps se poser en apôtres de tolérance et de progrès. Si vous vouliez être impitoyables, dites-nous donc ce que vous feriez de plus?

Voyez, pourtant! que n'aurions-nous pas à dire de l'état déplorable de nos rues, du désordre de nos promenades, de tant d'alignements impossibles, du percement incomplet et si négligé des impasses, d'où s'exhalent, ce qui est plus grave, des émanations méphitiques qui mettent en péril la santé publique?

Que pensez-vous de la création d'un impôt de plus sur le vin, cette denrée de première nécessité, et des fausses évaluations de nos valeurs locatives, qui ont donné lieu à tant de réclamations de la part des contribuables? Et la Bibliothèque communale, qu'est-elle devenue entre vos mains? Vous êtes-vous occupés de demander à l'Administration supérieure l'organisation de la télégraphie électrique, si indispensable à nos relations commerciales, et serons-nous les derniers à jouir de cet immense bienfait? Et tant d'autres améliorations qu'il y aurait à vous signaler, si nous ne craignions pas de charger ce travail outre mesure.

Pour atténuer votre mauvais vouloir et votre injustice, vous mettez sur le compte de quelques individualités la responsabilité de cette exclusion. Vous déclarez qu'avec de tels hommes d'opposition à la tête d'un parti, la conciliation ne sera jamais possible. Mais il y a cinq ans, l'opposition ne donnait pas signe de vie, et pourtant l'exclusion fut aussi complète qu'aujourd'hui! En tête de la liste de 1860 figurait un membre du clergé, ... sant encore partie de ce même Conseil. Dans les élec- ...ieures, lorsque l'opposition était pour ainsi dire anéantie, et sous l'impression des événements qui venaient de s'accomplir, vous êtes-vous conduits différemment envers vos concitoyens? Non, jamais vous n'avez voulu ni désiré de rapprochement!

En vouliez-vous de la conciliation, quand, dans le temps auquel nous faisons allusion plus haut, *quelques hommes*, obéissant peut-être à votre inspiration, demandèrent au Préfet de la Gironde l'internement ou l'exil d'une quinzaine de citoyens du canton ou de la ville de Sainte-Foy? Toutes les opinions qui n'étaient pas les vôtres furent englobées dans cette demande de proscription, et, s'il n'y fut pas donné suite, ce ne fut que grâce à de bons et énergiques conseils, ainsi qu'à la probité de l'honorable magistrat à qui les mandats d'arrêt furent envoyés. Alors, encore, nous étions représentés comme des hommes d'opposition quand même, ne rêvant que désordre et bouleversement. Oui, c'est ainsi qu'on nous représentait pour donner le change au Gouvernement, quand c'était contre vous, contre votre domination que nous protestions déjà, et avec juste raison.

En faisiez-vous de la conciliation, dans la soirée du 30 août 1850, quand vous avez laissé envahir la Chapelle évangélique, où se tenait un synode, et en avez laissé emporter deux Bibles qui furent brûlées en place publique? Insensés! comme si la voix du ciel eût voulu pénétrer jusqu'à leur cœur, l'un des fragments sauvés de la combustion portait ces mots : *Aimez-vous les uns les autres, d'un cœur pur, avec une grande affection!...*

De 1830 à 1848, le Conseil municipal a toujours partagé la subvention entre les deux écoles, l'une catholique, l'autre protestante. Depuis cette époque, les Conseillers municipaux que vous avez nommés ont attribué la *somme entière* à l'école des Frères de la doctrine chrétienne. Voilà votre équité, votre justice.

Ne vous êtes-vous pas opposés à l'organisation d'une Société de secours mutuels protestante, en déclarant qu'une telle Société serait un danger pour la paix publique? — O charité chrétienne!

N'avez-vous pas constamment refusé la créati n d'une nouvelle place de pasteur, quand nos besoins avaient augmenté? et, devant vos refus persistants, n'a-t-il pas fallu l'intervention du Gouvernement pour vaincre votre résistance, et qu'il vous menaçât d'imposer d'office les dépenses jugées nécessaires?... — Voilà encore un exemple de votre justice distributive!

Ah! vous ne viendrez plus maintenant récriminer contre cet affreux Conseil de 1830. Il usait pourtant envers vous de procédés bien plus convenables, il vous laissait toujours un nombre de vos coreligionnaires dans la municipalité, y compris des Maires et des adjoints. Il lui était pourtant facile de vous évincer entièrement, car la loi électorale d'alors lui donnait sur vous une immense majorité. Et vous, vous n'avez jamais laissé passer une occasion de manifester votre malveillance pour toutes les réclamations qui vous ont été adressées, quelque justes qu'elles fussent! Comparez maintenant, et vous nous direz de quel côté est l'avantage, au point de vue moral comme au point de vue de nos intérêts locaux.

Vouliez-vous faire de la conciliation quand, il y a une année à peine, vous avez publié cet ignoble pamphlet anonyme intitulé : *Les Funérailles de Marac*, mais non sans avoir, au préalable, enlevé jusqu'au nom de l'imprimeur! Dans cet écrit infâme, vous avez insulté une intelligence supérieure et un homme de bien. La famille en larmes, les amis dans la douleur, les étrangers qu'une vive sympathie rapprochait de ce beau caractère, rien n'a trouvé grâce devant vos sarcasmes indignes et votre joie indécente! Ah! il est difficile de descendre plus bas dans le mépris de toutes les convenances sociales!

Il n'était pas question d'Élections, l'an dernier, quand un discours des plus violents et des plus hostiles fut prononcé sur la place d'Armes, et qu'une autre édition encore plus colorée fut lue, le soir d'un banquet, dans une salle de la Mairie, et sou leva d'énergiques protestations de la part de quelques témoins. Et vous osez rejeter sur quelques hommes de notre opinion l'impossibilité de tout rapprochement, quand c'est vous qui venez en proclamer la nécessité en place publique!...

Vous êtes tellement rétrogrades et rebelles à tout progrès, que vous poursuivez jusqu'au nom des hommes qui ont travaillé à l'affranchissement de l'esprit humain. Nous avions deux rues qui s'appelaient, l'une rue Jean-Jacques-Rousseau, et l'autre rue Mably. Vous avez remplacé ces noms par ceux *de L'Orme* et *du Loup*. Ce baptême qu'elles portaient depuis 89, et que la Restauration, qui n'y allait pas de main-morte sur tous ces souvenirs, avait laissé subsister, vous l'avez anéanti! — Ah! si elles se fussent appelées *Saint-Ignace* ou *Loriquet*, à la bonne heure! Mais des noms de philosophes, vous ne voulez pas en entendre parler, et ce trait est à lui seul la peinture de vos tendances.

Ainsi, vos exploits se succèdent annuellement, et, par malheur, ils se ressemblent. Nous en passons, et des plus beaux, pour revenir à nos dernières Élections. Dans la courte description qui en a été faite dans la *Gironde* du 29 juillet dernier, nous avions atténué plutôt qu'exagéré la vérité. Ainsi, nous n'avions pas parlé de cette hideuse manifestation du samedi 22, qui s'essayait à faire de l'intimidation. Ce cortége que vous connaissez bien portait en tête un drapeau, peu honoré de se trouver en semblable compagnie, — véritable imitation de vos scènes journalières de 1848, dont nous fûmes si souvent les témoins. Les étrangers qui, ce jour-là, se trouvaient à Sainte-Foy, n'avaient pas d'expressions assez fortes pour qualifier une pareille conduite.

Nous n'avons pas parlé de votre manière d'agir envers la gardienne des enfants de la salle d'asile, ni de vos puériles manœuvres électorales, ni de la composition de votre bureau, ni des menaces proférées dans la salle et sur l'escalier de la Mairie, ni des visites répétées de MM. les gendarmes chez un honorable citoyen. Nous demandions une enquête sérieuse, qui aurait mis encore au jour bien des faits, et qui justifierait notre affirmation relative aux cris poussés : *A bas les noirs !* etc., — cris poussés, non par la population tout entière, ce qui est une niaiserie gratuite que vous nous prêtez, mais par un certain nombre d'individus qui nous les ont jetés en plein visage. Vous ne les avez pas entendus, vous, soit; mais nous savons par l'histoire qu'il y a des cris que l'on peut ne pas entendre dans l'enivrement d'un triomphe.

Et vous l'avez célébré, ce triomphe, à l'égal d'un grand succès national remporté sur les ennemis de la patrie! En voyant l'explosion de votre joie et tous les signes extérieurs d'une fête publique, on aurait pu croire à quelque mémorable victoire, dont nous venions d'enrichir nos annales.

Nous avons dit que votre liste était l'œuvre du parti clérical. Cette affirmation vous a choqués? Vidons ce débat.

Est-il quelqu'un dans notre ville qui ignore par qui les Élections ont été inspirées? Ce que tout le monde sait, pourquoi ne le dirions-nous pas? C'est le secret de la comédie. Qui faisait une admonestation à un personnage officiel d'avoir distribué deux bulletins de la liste d'opposition? Qui prenait part à la plantation de l'arbre commémoratif? Qui prodiguait les lauriers — il en vient partout ! — ? Qui chantait? Qui soufflait dans les clarinettes orthodoxes? Qui agitait la cloche à grande volée une heure durant? Qui se trouvait dans le Secrétariat de la Mairie au moment de la distribution des cartes? Ces Messieurs étaient peut-être dans leur droit, mais, à coup sûr, nous n'avons jamais lu dans l'Écriture-Sainte que les Apôtres aient manié de cette façon la matière électorale. Autres temps, autres mœurs, dira-t-on. Soit. Mais voilà le Conseil municipal devenu une arche sainte où le grand prêtre seul aura le droit de pénétrer.

Nous avons donc le droit de qualifier comme nous l'avons fait votre liste de candidats. Or, que veut généralement le parti clérical? Qu'y a-t-il derrière son ardeur fiévreuse et le zèle infatigable qu'il déploie? Est-ce la tolérance, l'instruction, le progrès, la liberté? Non! non! Rien de tout cela! Ce parti veut ici ce qu'il veut partout. En Espagne, en Portugal, en Suisse, en Allemagne, en Italie, en Belgique, il souffle le vieil esprit du moyen-âge; il exploite à son profit l'ignorance des masses, qu'il veut dominer encore. Partout, il entrave la marche des gouvernements qui désirent avancer dans les voies libérales de l'esprit moderne. Partout, il met tout en œuvre pour susciter des dissensions politiques ou religieuses, tant l'harmonie sociale lui est antipathique. Diviser sera toujours son mot d'ordre et sa tactique, et pour régner tous les moyens lui paraissent légitimes.

Vous nous dites: « Regardez la Suède, l'Angleterre, la Russie; on y persécute les catholiques! » Nul, plus que nous, ne le déplore; car nous sommes les fils de l'immortelle Révolution de 89, qui a posé le grand principe de la liberté des Cultes, et nous ne pouvons pas, sans renier notre mère, devenir oppresseurs. Si, dans quelques communes les plus rapprochées de nous, les catholiques ont été exclus des Conseils municipaux, il faut reconnaître que les protestants ont suivi les mauvais exemples que vous leur avez donnés un peu trop souvent. Mais nous n'avons pas deux poids et deux mesures, et nous blâmons l'intolérance protestante comme l'intolérance catholique partout où elle montre son odieux visage. Et de quel droit venez-vous blâmer chez les autres ce que vous pratiquez dans la mesure du possible dans un pays civilisé? Nous faisons appel à l'intelligence et au cœur de tous nos concitoyens; nous ne leur demandons qu'un verdict équitable.

Vous nous reprochez jusqu'à notre obscurité. Cela ne nous blesse pas, et pour cette fois nous serons d'accord. Nous savons par expérience comment on acquiert de la célébrité dans ce milieu où vous vivez. Ainsi, un soir, de préférence un Jeudi-Saint, à la sortie de l'église où l'on vient de chanter le *Stabat Mater*, on prend dans une salle de la Mairie le buste d'un roi; on se précipite dans la rue en emportant ce trophée; on l'insulte, on le bafoue, en se dirigeant vers la rivière, et, du milieu du pont, on va le précipiter dans les flots. Mais la foule se ravise, et, revenant sur ses pas en poussant les nobles cris qu'elle affectionne, elle s'arrête devant le Cercle, brise le buste et piétine dessus. En même temps, et par habitude, elle adresse des provocations aux membres présents, que le tumulte que faisaient les nouveaux amis de l'ordre attirait au balcon.

On fait parler de soi, parmi vous, en faisant métier et marchandise d'opinions politiques que l'on affecte d'avoir, et qu'on règlemente à la mesure d'ambitions personnelles plus ou moins avouables. Enfin, on devient des personnages en montant sur les bornes des rues pour acclamer la République et applaudir à la chute de la Monarchie, en plantant ces pauvres arbres de liberté et en troublant la tranquillité publique par des démonstrations beaucoup trop fréquentes pour être sincères. Nous n'avons rien fait de tout cela, nous, et voilà pourquoi nous sommes restés dans l'obscurité la plus profonde.

Dans les nombreuses aberrations où se complaît si aisément votre esprit, vous avez osé nous dire que *nous vous devions peut-être du sang !...* Oui ! comme le supplicié en doit au bourreau ; comme le captif, la liberté au geôlier ; l'opprimé, la reconnaissance à l'oppresseur, après deux siècles d'une persécution ruineuse et sanglante !... Chaque page d'histoire de cette longue période en est rougie ; chaque bagne du royaume a été peuplé de nos aïeux, et tous les coins les plus reculés de la terre ont reçu nos exilés... Nous avons subi, sous le *grand roi*, le même traitement, les mêmes tortures que le czar inflige à la Pologne à l'heure même où nous écrivons !...

Nous avons dit que votre liste est *blanche*. C'est un fait reconnu chez tous les peuples du monde, que l'opposé du noir, c'est le blanc. Si vous nous appelez les *noirs*, c'est que vous êtes le contraire. Si vous n'admettez dans votre liste de candidats pas un seul *noir*, elle se trouvera nécessairement d'une blancheur immaculée, comme celle de la neige ou du lis. Cela est mathématique. Toutefois, nous avons encore d'autres raisons de croire à votre blancheur.

Il nous en coûte, nous l'avouons, de nous servir de l'arme que l'on vient de nous mettre entre les mains. Cette arme, nous aurions dédaigné d'en faire usage avec des adversaires loyaux qui nous eussent traités comme tels. Mais pourquoi ménager ceux qui nous traitent impitoyablement en ennemis? Force nous est de nous défendre.

Nous avons là, sous nos yeux, un journal publié à Agen. Dans ce numéro figurent les noms de cent cinquante habitants de Sainte-Foy. Puis, au bout de cette nomenclature, nous trouvons le paragraphe suivant : « *Dans cette liste ne sont pas* » *compris les souscripteurs anonymes, ni un très grand nombre* » *venant de Sainte-Foy, l'espace nous manquant pour repro-* » *duire ici tous ces noms. Nos amis de Sainte-Foy voudront* » *bien nous pardonner cette omission, que nous regrettons* » *infiniment, mais qui est tout à fait indépendante de notre* » *volonté.* »

Voilà vos électeurs; le nierez-vous?

Eh bien! la publication de tous ces noms et la déclaration qui la suit n'étaient autre chose qu'une manifestation du parti légitimiste en faveur du comte de Chambord. La somme recueillie par cette souscription devait servir à faire répandre deux millions d'exemplaires du journal, contenant :

1° Une lettre de M. le comte de Chambord à M. Berryer;

2° Le discours qu'avait prononcé le célèbre orateur, et dans lequel il revendiquait les droits de la famille des Bourbons au trône de France;

3° De plusieurs lettres ou articles ayant le même objet, et signées de divers personnages haut placés dans le parti légitimiste.

Or, il faut que l'on sache que parmi les noms publiés dont nous parlons plus haut, nous trouvons ceux de *six* conseillers nouvellement élus, et dans les noms omis ou les anonymes.

nous avons de fortes raisons de croire que la plupart des autres conseillers complétant la liste n'ont été pris que là.

Et vous venez parler de serment et de trahison !..... Vous mettiez alors au service du comte de Chambord et votre bourse et votre dévouement; vous le considériez comme le seul salut de la France, comme l'idole de votre cœur et votre étoile d'espérance, et vous osez aujourd'hui renier ces *sincères* opinions que vous affichiez alors avec tant d'ostentation !... A qui ferez-vous croire une pareille conversion?

Nous vous demanderons alors : Qu'est-il donc devenu, ce grand parti légitimiste, auquel vous étiez si heureux d'appartenir, et qui seul représentait l'honneur, la patrie, la religion ? Qui sait ! Avec votre clairvoyance habituelle, vous finirez par le trouver quelque part, surtout en regardant autour de vous. A la rigueur, nous pourrions croire à la véritable conversion d'un nombre quelconque de ses membres, et penser qu'ils ont peut-être, eux aussi, trouvé leur chemin de Damas. Mais la disparition totale d'un parti aussi puissant, aussi nombreux que le vôtre, ici, serait un événement d'une telle importance qu'il faudrait crier au miracle... — et il ne s'en fait guère plus qu'à la Salette ou à Lourdes.....

Nous demandions une enquête, et l'on nous répond par des maiseries sentimentales, des menaces et des personnalités blessantes. Voilà tout ce que l'on sait faire. La postérité du père Garasse n'est pas près de s'éteindre. Lorsque, comme vous, il était à bout de raisons, il appelait ses adversaires *lézards, taupes, grenouilles,* etc., et vous, vous nous ferez sortir bientôt, comme des rats, d'un fromage de Hollande !... C'est joli ! c'est charmant ! Quel sel attique dans ce trait d'esprit, et comme vous avez dû rire en l'écrivant ! — Travaillez, vous n'êtes pas encore à la hauteur de votre modèle... mais, qui sait?... vous êtes intelligent!...

Dans cette enquête, nous aurions vu la confirmation de ce que nous avions avancé, par le témoignage de tous les honorables fonctionnaires du Gouvernement dans l'ordre civil, et par tous les citoyens honnêtes qui gardent dans leur cœur assez de dignité pour ne pas altérer la vérité.

Paix, union, conciliation! Ces mots ne devraient jamais sortir de vos lèvres, quand, il y a quelques jours à peine, pour donner un éclat inaccoutumé à la fête *impériale* et *locale* du 15 août, vous avez jugé convenable de ne vous adresser qu'aux électeurs qui vous avaient donné leurs voix pour recueillir la somme nécessaire à cette célébration! Ce jour-là, vous avez encore creusé la fosse qui nous sépare; vous avez achevé de dessiner d'une manière plus énergique la position de votre parti vis-à-vis de nous. Soyez heureux de ce succès, nous ne vous l'envions pas. Cependant, en regardant autour de vous, vous auriez pu comprendre, au vide significatif et complet qui vous environnait, que vous receviez déjà un commencement de châtiment moral, auquel vous ne pouvez échapper.

Et puis, pour bouquet final, un drapeau blanc flottant le 15 août au haut du clocher, et portant tout un programme par la signification caractéristique de cette inscription, sortie on ne sait d'où :

« *O nous tous! citoyens de la chrétienté, crions : Vive notre » Empereur! que Dieu nous le conserve!!!* »

Un drapeau blanc! Douce réminiscence d'un passé qui ne peut plus renaître, doux souvenir de la Restauration! Une inscription pareille et qui paraît à peine de loin! C'est naïf! c'est charmant! Mais elle est équivoque, votre inscription; car l'Empereur de la chrétienté, c'est le Pape, et Napoléon III est l'Empereur des Français, sans distinction d'opinions ni de cultes!...

Allez! l'axiôme du grand Empereur vous sera toujours applicable : « Vous n'avez rien appris, ni rien oublié! »

L. G.......s

Sainte-Foy, 30 août 1865.

UN DERNIER MOT

Aujourd'hui, 17 septembre, il a paru, dans une librairie improvisée à cet effet, un écrit dû à la plume de l'un de nos adversaires. Toujours le même système employé. On n'y discute guère plus les faits ni nos idées, mais on attaque brutalement nos personnes, et jusqu'à nos positions sociales, dans des termes où percerait peut-être un léger sentiment de jalousie. Qui sait ? Ceci est un nouveau mode de polémique inconnu jusqu'à ce jour. Mais, comme nous marchons de surprise en surprise avec nos contradicteurs, nous ne saurions nous en étonner. Nous ne les avons jamais suivis sur ce terrain, où les représailles nous seraient trop faciles. Nous discutons les actes et les opinions qui se produisent autour de nous, et qui, par le fait de leur publicité, nous appartiennent; mais nous laissons de côté les personnes, quelles qu'elles soient, et qu'il est toujours convenable de respecter. Ce procédé ne convient pas à nos adversaires; nous n'en changerons pas, à moins que la force des choses nous y oblige.

Ainsi donc, et malgré le travail qui précède, il est convenu, d'après le parti que nous combattons, que nous sommes coupables et responsables de toutes les iniquités et de toutes les tyrannies dont il nous a convenu de l'abreuver depuis un temps immémorial. C'est une singulière interprétation de l'histoire, où la vérité n'a rien à voir : mais qu'importe ! c'est de cette manière que l'ignorance se perpétue et sert à voiler les inepties et les injustices que l'on espère dissimuler à tous les yeux.

Le parti contraire, lui, ne se compose que d'agneaux, d'anges, presque de saints à remplir un nouveau calendrier local. C'est là qu'est le vrai peuple, — *la populace n'existant plus*, — le peuple chrétien, travailleur, intelligent, honnête, toujours prêt à remplir les devoirs civiques qu'il comprend si bien... d'après nos adversaires. — Laissons-leur cette illusion.

Quant à nous, après avoir parcouru ces nouvelles lettres, et remarqué surtout le ton acerbe et vindicatif qui y règne d'un bout à l'autre, nous déclarons n'avoir rien à ajouter ni à modifier à tout ce que nous avons déjà dit. Nous avons répondu d'avance à ces violentes diatribes, et nous considérons ces dernières lignes comme ayant épuisé la discussion.

L. G.......s

Sainte-Foy, 17 septembre 1865.